Michael Heinen-Anders
Covid-19-Pandemie,
Gesundheitsimperialismus und
Digitalisierung

Copyright ©2020 Michael Heinen-Anders

Herstellung und Verlag: Books on Demand GmbH, Norderstedt

ISBN **9783743151260**

Inhaltsverzeichnis

Covid-19-Pandemie, Gesundheitsimperialismus und Digitalisierung

Digital Natives

Literatur

Autobiographische Notiz

Covid-19-Pandemie, Gesundheitsimperialismus und Digitalisierung

„Die **COVID-19-Pandemie**[1] ist ein Ausbruch der neuartigen Atemwegserkrankung COVID-19 (oder „Covid-19", für *Corona virus disease 2019*). Der Ausbruch war erstmals Ende Dezember 2019 in der Millionenstadt Wuhan der chinesischen Provinz Hubei auffällig geworden, entwickelte sich im Januar 2020 zur Epidemie in der Volksrepublik China und breitete sich weltweit aus. Er wurde ausgelöst durch das bis dahin unbekannte Coronavirus SARS-CoV-2. Um einer [2]Ausbreitung in Staaten ohne leistungsfähige Gesundheitssysteme entgegenzuwirken, rief die Weltgesundheitsorganisation (WHO) am 30. Januar 2020 die internationale Gesundheitsnotlage aus. Am 9. Februar 2020 überstieg die Zahl der registrierten Todesfälle mit über 800 die Gesamtzahl der Todesfälle der SARS-Pandemie 2002/2003. Der WHO-Bericht vom 26. Februar 2020 meldete erstmals mehr Neuinfektionen außerhalb Chinas als innerhalb. Ab dem 28. Februar 2020 schätzte die WHO in ihren Berichten das Risiko auf globaler Ebene als „sehr hoch" ein, zuvor als „hoch". Am 11. März 2020 erklärte die WHO die bisherige Epidemie offiziell zu

---

[1] Vgl. auch: Frank Linde, Okkulte Epidemiologie. Corona-Krise, Weltenangst und das Vertrauen in die guten Mächte des Daseins nach Aussagen Rudolf Steiners, Vlg. Glomer.com, Sauldorf 2020

einer Pandemie, der ersten seit der Pandemie H1N1 2009/10."³
Es sind derzeit nahezu alle Staaten weltweit betroffen. Besonders starke Todeszahlen durch die Covid-19 indzierte Lungenentzündung verzeichneten innerhalb Europas Italien, Spanien und Großbritannien. Außerhalb Europas ist vor allem die USA, neben Brasilien das meistbetroffene Land.

Ein schulmedizinisches Medikament gegen diese Seuche wurde bislang nicht gefunden, so daß alle derzeitige Forschung auf die Entwicklung geeigneter Impfstoffe gerichtet ist. Dabei entstanden bislang vor allem, auf gentechnischen Eingriffen basierende Impfstoffprojekte.⁴
Diese werden aber bislang aus anthroposophisch-medizinischer Sicht als hochproblematisch angesehen.
Es ist zudem bereits heute abzusehen, dass diese Impfstoffstrategie vor allem von global agierenden Konzernen ausgenutzt werden wird, um sich mit solchen „Heilmitteln" eine „goldene Nase" zu verdienen. Dagegen setzen neue Propheten wie Bill Gates mit einem weltweit propagierten Impfzwang darauf, dass derlei Geschäfte auch profitabel sein werden.⁵

---

³ https://anthrowiki.at/COVID-19-Pandemie

⁴ Vgl. Interview mit dem Kinderarzt Steffen Rabe – „Impfstoff als messianischer Heilsbringer", in: Zeitschrift „info3", Juni 2020, S. 50 - 55

⁵ Vgl. auch: Jens Heisterkamp: „Bill Gates – ein neuer Prophet", in: Zeitschrift „info3", Mai 2020, S. 24 - 29

Eine Behandlung dieser neuartigen Erkrankung mit Mitteln der anthroposophischen Medizin scheint durchaus möglich zu sein.[6]
Schwellenländer, wie Indien, afrikanische Staaten usw. werden sich neuartige Impfstoffe der global agierenden Konzerne, mit ihren finanziell schlecht ausgestatteten Gesundheitssystemen ohnehin kaum leisten können. Eine weltweite Durchimpfung erscheint daher, nicht nur aus diesen Gründen, kaum leistbar zu sein.[7]
Dennoch gehen von der Bill & Melinda Gates-Stiftung – nach wie vor – weltweit finanzierte Impfkampagnen aus. Bill Gates will damit einen neuen Gesundheitsimperialismus[8], im Rahmen einer NWO (Neue Welt-Ordnung) realisieren. Das amerikanische Establishment und seine Auguren haben derartige Pläne schon seit langem in der Schublade.[9]
Ein Resultat der Corona-19-Pandemie in den meisten europäischen Industriestaaten, war ein monatelanger „Lock down", der u.a. auch die Schließung von Schulen und Kindertagesstätten beinhaltete. Unterricht erfolgte – wenn überhaupt –

---

[6] Vgl. auch: Judith von Halle: Die Coronavirus-Pandemie. Anthroposophische Gesichtspunkte, Vlg. für Anthroposophie, Dornach 2020, S. 85

[7] Vgl. auch: Alexander Capistran: Vom Schlaf der globalen Vernunft – Corona aus der Sicht der Schwellenländer, in: Zeitschrift „info3", Juni 2020, S. 26 - 29

[88] Vgl. auch: Rudolf Steiner, Die Geschichte und Überwindung des Imperialismus, Europa Vlg., Zürich – New York 1946

[9] Vgl. dazu auch: Amnon Reuveni: Im Namen der <<Neuen Weltordnung>>. Vom unzeitgemäßen Herrschaftswillen und seinen Trägern in der Weltpolitik, Vlg. am Goetheanum, Dornach 1994

nur vermittels des Internets, obwohl lange nicht alle Schüler mit derartigen Empfangsgeräten und dem zusätzlichen Equipment (Drucker, Scanner usw.) ausgerüstet sind.
Auch die Arbeit in Büros und Verwaltungen erfolgte großteils nur noch im „Home Office" – also von zu Hause aus.
Damit geht nun einher ein neuer Schub der weltweiten Digitalisierung.Diese wiederum ist verbunden mit einer einseitigen Entwicklung der Intelligenz, vor der Rudolf Steiner seinerzeit schon warnte:

„Wir werden als Menschheit einlaufen in eine Entwicklung der Intelligenz so, dass die Intelligenz wird die Neigung haben, nur das Falsche, den Irrtum, die Täuschung zu begreifen, und auszudenken nur das Böse.

Das wussten ja die Geheimschüler und wussten namentlich die Eingeweihten seit einer gewissen Zeit, dass die menschliche Intelligenz entgegengeht ihrer Entwicklung nach dem Bösen hin, dass es immer mehr und mehr unmöglich wird, durch die bloße Intelligenz das Gute zu erkennen. Die Menschheit ist heute in diesem Übergange. Wir können sagen: Gerade noch gelingt es den Menschen, wenn sie ihre Intelligenz anstrengen und nicht ganz besonders wilde Instinkte tragen, nach dem Lichte des Guten etwas hinzuschauen. Aber diese menschliche Intelligenz wird immer mehr und mehr die Neigung bekommen, das Böse auszudenken und das Böse dem Menschen einzufügen im Moralischen, das Böse in der Erkenntnis, den Irrtum.

Das war einer der Gründe, warum die Eingeweihten sich die Männer der Sorge nannten, weil in der Tat, wenn man in dieser Einseitigkeit, wie ich es jetzt auseinandergesetzt habe, die Entwicklung der Menschheit betrachtet, so macht sie Sorge; Sorge gerade wegen der Entwicklung der Intelligenz. Es ist schließlich gar nicht umsonst, dass die Intelligenz dem gegenwärtigen Menschen so viel Stolz und Hochmut einflößen kann." (Lit.: GA 296, S. 89).

"Es wäre natürlich eine völlig falsche Spekulation, zu glauben, daß man etwa die Intelligenz unterdrücken soll. Die Intelligenz darf nicht unterdrückt werden, aber es gehört für den Einsichtigen in der Zukunft ein gewisser Mut dazu, der Intelligenz sich hinzugeben, weil die Intelligenz die Versuchung bringt zum Bösen und zum Irrtum und weil wir in der Durchdringung der Intelligenz mit dem Christus-Prinzip finden müssen die Möglichkeit, diese Intelligenz umzuwandeln. Ganz und gar ahrimanisch würde die Intelligenz der Menschen, wenn das Christus-Prinzip die Seelen der Menschen nicht durchdränge.

Sie wissen ja, wie vieles da ist, in der Entwickelung der Menschheit ersichtlich ist, besonders in der Gegenwart, von dem, was für den Einsichtsvollen schon zeigt, daß die Dinge sich so ankündigen, wie ich sie eben charakterisiert habe. Man denke nur, was das dritte von den Entwickelungsgliedern, die durch den Materialismus der Menschheit drohen, über die Menschen heute schon bringt. Sehen Sie, wenn Sie bedenken, mit wie viel Grausamkeiten die heutige Kulturentwickelung durchsetzt ist, die sich kaum vergleichen lassen mit den Grausamkeiten barbarischer Zeitalter, dann werden Sie kaum zweifeln können, daß sich die Morgenröte für den Abstieg der Intelligenz deutlich ankündigt. Man sollte nicht in oberflächlicher Weise die sogenannten Kulturerscheinungen unseres Zeitalters betrachten, man sollte wahrhaftig nicht daran zweifeln, daß die Menschen der Gegenwart sich aufraffen müssen zu einem wirklichen Erfassen des Christus-Impulses, wenn sie einer heilsamen Entwickelung entgegengehen wollen. Es ist zweierlei heute schon stark zu bemerken: Menschen, die sehr intelligent sind und die einen deutlichen Hang zum Bösen haben; und es ist auf der anderen Seite zu bemerken, wie viele Menschen unbewußt diesen Hang zum Bösen dadurch unterdrücken, nicht bekämpfen, daß sie ihre Intelligenz schlafen lassen. Schläfrigkeit der Seele oder aber bei wachen Seelen ein starker Hang zum Bösen und zum Irrtum, das ist in der Gegenwart durchaus zu bemerken." (Lit.: GA 296, S. 93f)[10]

Zu erwarten ist also, in gewisser Weise, eine Art Zweiteilung der Menschheit, insoweit diese nicht schon heute realisiert ist.

Aus einer nicht unberechtigten Perspektive heraus, wirkt der neue weltweite Schub zur weiteren

---

[10] Rudolf Steiner: Die Erziehungsfrage als soziale Frage, GA 296, Dornach 1979, S. 89 - 90

Ausbreitung der Digitalisierung, wie der damalige Eingriff Sorats, zur Herausbildung der Akademie von Gondishapur in der Zeit um das Jahr 666 nach Christus.[11]

Obwohl Kinder erst mit 16 Jahren soweit entwickelt sind, als dass sie Digitalgeräte ohne Schaden für ihre Seele nutzen können, wirkt die Erfordernis des „Home-learnings" dagegen. Bereits 8jährigen wird so bereits der Umgang mit Digitalgeräten, wie „Smartphone" und „Notebooks", sowie mit „Tablets" zugemutet.[12]

Dass diese Entwicklung bereits stark veranlagt ist, beweist die Debatte um die „Digital natives".

Digital Natives

Als **Digital Natives** (dt.: digitale Eingeborene) werden Personen bezeichnet, die mit digitalen Technologien wie Computern, dem Internet, Mobiltelefonen und MP3-Player aufgewachsen sind. Als Antonym existiert der Begriff des Digital Immigrant (dt.: digitaler "Einwanderer" oder digitaler Immigrant) für

---

[11] Vgl. auch: G. A. Bondarev, „Und werdet die Wahrheit erkennen…", BoD, Norderstadt 2020, S. 380ff

[12] Vgl. auch: Andreas Neider: Medienbalance, Vlg. Freies Geistesleben, Stuttgart 2008

jemanden, der diese Dinge erst im Erwachsenenalter kennengelernt hat.

"Mittlerweile wächst eine Generation von **Digital Natives** heran, die das Leben ohne Facebook und Smartphones gar nicht mehr richtig kennt. Ihr Kulturkonsum ist digital, was nicht bei Google zu finden ist, gibt es nicht. Ebenso wenig eine Trennung zwischen virtueller und realer Welt." (Lit.: Adrian Rosenthal, S. 6).

Vor dem Eintritt der Pubertät sollten Heranwachsende noch nicht dem Sog der auf Smartphones bzw. I-phones gebotenen Inhalte ausgesetzt werden. Es reicht aus über ein einfaches Mobiltelefon ohne Extras verfügen zu können, damit die Kommunikation mit Eltern und Freunden prinzipiell möglich ist.

"Rechtlich betrachtet kommen Kinder unter 13 Jahren als (Facebook)-Nutzer nicht in Frage, und selbst dann noch finden es viele Erwachsene generell unnötig oder immerhin zu früh. Schadet die Nutzung von Facebook unseren Kindern? Physisch betrachtet schränkt Technik uns ein: Sie mag unseren Aktionsradius erweitern, von außen gesehen führt sie einen Menschen nicht selten in einen Zustand der Erstarrung - oder, technisch gesprochen, in einen Standby-Modus -, ob im Auto, vor dem Computer, dem I-Pod/-Pad oder am Telefon. Wer jemals vor dem Fernseher sitzende Kinder betrachtet (oder gar gezeichnet hat), wird bemerkt haben, dass die vertrauten Gesichtszüge eines uns nahestehenden Menschen dann zuweilen wesensfremd wirken. Die Technik, insbesondere die

Massenmedien, haben Auswirkungen auf unsere Vitalität. Dieses Phänomen existiert seit Langem, tritt heute aber vermehrt als kollektives Phänomen in Erscheinung. Der "gefrorene Blick" (so ein Buchtitel des Pädagogen und Medienforschers Rainer Patzlaff) hat das Wohnzimmer verlassen und findet sich gehäuft in der Öffentlichkeit - etwa in öffentlichen Verkehrsmitteln, wo Fahrgäste auf handtellergroße Bildschirmchen fixiert sind und damit in der Welt herumsegeln. Denn das, was sie innerlich erfahren, ist etwas anderes als das, was ihnen äußerlich entgegenkommt." (Lit.: Silke Kirch, S. 15).

"Die Facebook-Kultur, zu der die Smartphones gehören, sind Zeugungen von Faces, die die Über-Zeugungen durch Gesichter verstellen. Seit Gesichter als Faces reproduziert werden, ist die Fähigkeit, Gesicht zu zeigen, verschwunden. Und damit ist die Fähigkeit der individuellen Gestaltung der Lebensverhältnisse zusehends schwieriger geworden." (Lit.: Daniel Baumgartner, S. 7).

Menschen die mit dem Internet aufgewachsen sind haben eine andere Auffassung von Realität. Für sie sind menschliche Kultur und natürliche Umwelt häufig nur vermittels des "Lern"-Angebots im WorldWideWeb (www) relevant. Dies stellt die Erziehung vor völlig neuartige Herausforderungen. Ob diese Trends von der gegenwärtig
praktizierten Pädagogik der Waldorfschule schon zur Genüge erkannt und problematisiert werden, das ist heute die Frage. Kinder benötigen von ihrem

Himmelswesen her einen pädagogischen Freiraum ohne Medienkonsum (Lit.: Anton Kimpfler, S. 62ff).

"Intelligenz war noch in der ägyptisch-chaldäischen Zeit etwas Gutes, diese Intelligenz ist dann dasjenige geworden, was seine Verwandtschaft eingegangen hat mit den Kräften des Todes. Diese Intelligenz wird eine Verwandtschaft eingehen mit den Kräften des Irrtums, der Täuschung und des Bösen. Das ist etwas, worüber sich die Menschheit eigentlich keiner Illusion hingeben sollte. Die Menschheit sollte unbefangen damit rechnen, daß sie sich zu schützen hat gegen die einseitige Entwicklung der Intelligenz." (Rudolf Steiner, GA 296, S. 90).

Nun nochmals zum Eingangsthema:

"Die in früheren Zeiten unbekannten Infektionskrankheiten rühren von dem Gotte Mammon her." (Rudolf Steiner, GA 93a, S. 115). Rudolf Steiner bezeichnet **Mammon** daher als den Gott der "Bazillen", also der Bakterien und Viren (Vgl. Lit.: Peter Tradowsky, 2008, S. 27).

Literatur:

- Anton Kimpfler: *Kinder bringen die Welt weiter - Auch Erwachsene spielen eine entscheidende Rolle dabei*, Vlg. Ch. Möllmann, Borchen 2016

- Adrian Rosenthal: *Gekommen um zu bleiben.* In: SCHRAEGSTRICH. Mitgliederzeitschrift von Bündnis 90/DIE GRÜNEN, Ausgabe 02/12 (Juni 2012), S. 4 - 6
- Silke Kirch: *Steno für die Blaue Stunde.* In: Zeitschrift INFO3, Oktober 2012, S. 14 - 18
- Ernst Schuberth: *Erziehung in einer Computergesellschaft.* Datentechnik und die werdende Intelligenz des Menschen, Vlg. Freies Geistesleben, Stuttgart 1990
- Rainer Patzlaff: *Medienmagie und die Herrschaft über die Sinne*, Vlg. Freies Geistesleben, Stuttgart 1988
- Flensburger Hefte, Sonderheft Nr. 3: *Computer - Medien*, Flensburger Hefte Vlg., Flensburg 1988
- Heinz Buddemeier: *Von der Keilschrift zum Cyberspace.* Der Mensch und seine Medien, Urachhaus Vlg., Stuttgart 2001
- Clifford Stoll: *Die Wüste Internet.* Geisterfahrten auf der Datenautobahn, S. Fischer Vlg., Frankfurt a. M. 1996
- Clifford Stoll: *LogOut.* Warum Computer nichts im Klassenzimmer zu suchen haben und andere High-Tech-Ketzereien, S. Fischer Vlg., Frankfurt a. M. 2001
- Christoph Möller (Hrsg.): *Internet- und Computersucht.* Ein Praxishandbuch für Therapeuten, Pädagogen und Eltern, Kohlhammer Vlg., Stuttgart 2012
- Heinz Buddemeier: *Zwischen Wirklichkeit und virtuellem Wunderland.* Über die problematischen Innenwirkungen von Computerspielen, Menon Vlg., Heidelberg 2011
- Manfred Spitzer: *Digitale Demenz.* Wie wir uns und unsere Kinder um den Verstand bringen, Droemer Vlg., München 2012
- Andreas Neider: *Aufmerksamkeitsdefizite. Wie das Internet unser Bewusstsein korrumpiert und was wir*

dagegen tun können, Vlg. Freies Geistesleben, Stuttgart 2013
- Stefan Bonner / Anne Weiss: *Generation Doof. Wie blöd sind wir eigentlich?*, Vlg. Bastei-Lübbe, Bergisch Gladbach 2008
- Edwin Hübner: *Imaginationen im virtuellen Raum. Technik und Spiritualität - Chancen eines neuen Jahrhunderts*, Clavis Vlg., Frankfurt a. M. 2008
- Andreas Neider (Hg.): *Flucht in virtuelle Welten? Reale Beziehungen mit Kindern gestalten*, Vlg. Freies Geistesleben, Stuttgart 2010
- Andreas Neider: *Medienbalance. Erziehen im Gleichgewicht mit der Medienwelt - Ein Elternratgeber*, Vlg. Freies Geistesleben, Stuttgart 2008
- Andreas Neider: *Der <<elektronische Doppelgänger>>*. In: Anthroposophie. Vierteljahresschrift zur anthroposophischen Arbeit in Deutschland, Michaeli III/2012, Nr. 261, S. 193 - 204
- Johannes Greiner: *Den inneren Schatz befreien*. In: Wochenschrift "Das Goetheanum" Nr. 6-7 vom 9.2.2013, S. 4 - 5
- Georg Kühlewind: *Sternenkinder: Kinder, die uns besondere Aufgaben stellen*, Vlg. Freies Geistesleben, Stuttgart 2009
- Flensburger Hefte Nr. 109: *Leere Seelen. Was treibt sie in den Amok?*, Flensburger Hefte Vlg., Flensburg 2010
- Christoph Möller: *Computerspielsucht erkennen und behandeln*. In: Erziehungskunst - Waldorfpädagogik heute, Nr. 11/2014, S. 19 - 20
- Daniel Baumgartner: *Verhüllung im digitalen Zeitalter*. In: Das Goetheanum Nr. 7 vom 10. Februar 2017, S. 6 – 8
- Rudolf Steiner: *Die Erziehungsfrage als soziale Frage*, GA 296, Dornach 1979
- Frank Linde, Okkulte Epidemiologie. Corona-Krise, Weltenangst und das Vertrauen in die guten

Mächte des Daseins nach Aussagen Rudolf Steiners, Vlg. Glomer.com, Sauldorf 2020
- Peter Tradowsky: <<Und das Licht schien in die Finsternis...>>, Vlg. am Goetheanum, Dornach 2008
- Judith von Halle: Die Coronavirus-Pandemie. Anthroposophische Gesichtspunkte, Vlg. für Anthroposophie, Dornach 2020, S. 85
- Rudolf Steiner, Die Geschichte und Überwindung des Imperialismus, Europa Vlg., Zürich – New York 1946
- Amnon Reuveni: Im Namen der <<Neuen Weltordnung>>. Vom unzeitgemäßen Herrschaftswillen und seinen Trägern in der Weltpolitik, Vlg. am Goetheanum, Dornach 1994
- G. A. Bondarev, „Und werdet die Wahrheit erkennen...", BoD, Norderstadt 2020
- Alexander Capistran: Vom Schlaf der globalen Vernunft – Corona aus der Sicht der Schwellenländer, in: Zeitschrift „info3", Juni 2020, S. 26 - 29
- Jens Heisterkamp: „Bill Gates – ein neuer Prophet", in: Zeitschrift „info3", Mai 2020, S. 24 - 29
- Interview mit dem Kinderarzt Steffen Rabe – „Impfstoff als messianischer Heilsbringer", in: Zeitschrift „info3", Juni 2020, S. 50 - 55
- **Rudolf Steiner: Grundelemente der Esoterik, GA 93a**

Autobiographische Notiz:

Michael Heinen-Anders wurde am 25.02.1960 in Köln geboren. Er studierte an der Bergischen Universität Wuppertal Wirtschafts- und Sozialwissenschaften.
1989 schloss er das Studium als Diplom-Ökonom ab.
Michael Heinen-Anders trat 1994 der Anthroposophischen Gesellschaft, Zweig Köln, bei. Seit 2012 ist er gleichfalls Mitglied der Freien Hochschule für Geisteswissenschaft.
Er veröffentlichte zahlreiche literarische, essayistische und wissenschaftliche Schriften, darunter „Aus anthroposophischen Zusammenhängen", BoD, Norderstedt 2010 und „Aus anthroposophischen Zusammenhängen Band II", BoD, Norderstedt 2018.
Michael Heinen-Anders lebt in Köln, ist geschieden und hat zwei erwachsene Töchter.